Thomas Gsella
Rudi Hurzlmeier

Kinder, so was tut man nicht

Ein pechschwarzes Brevier für die Familie

Rowohlt Taschenbuch Verlag

Originalausgabe
Veröffentlicht im Rowohlt Taschenbuch Verlag,
Reinbek bei Hamburg, Mai 2007

Illustrationen im Innenteil Rudi Hurzlmeier
Einbandgestaltung any.way, Wiebke Jakobs
(Illustration: Rudi Hurzlmeier)
Gesamtherstellung Clausen & Bosse, Leck
Printed in Germany
ISBN 978 3 499 24510 7

Inhalt

Vorwort

Antiautoritär verzogene Monster, verlauste Haare und nackte Füße auf Papis Jugendstilsekretär: Das war einmal, und viele sagen: endlich! Führende Eltern, Lehrer, Erzieher und Europagegner sind mittlerweile überzeugt, daß Kinder nichts dringender brauchen als Grenzen. Aber welche? In jahrelangen Studien haben die preisgekrönten Väter und mehrfachen Ehemänner Gsella und Hurzlmeier rund vierhundert beliebte Grenzen gesteckt und verworfen, variiert und wiederum geschleift, bis am Ende haargenau zwölf übrigblieben.

Zwölf Grenzen also, die Kinder keinesfalls überschreiten sollten: Vom gezielten Erhitzen des Zierfischbeckens bis zur kompletten Vernichtung der elterlichen Villa spannt sich der pädagogische Dutzendreigen in gebotener Drastik und Deutlichkeit, Detailtreue und vor allem Logistik – damit die Kleinen wirklich wissen, wie es gehen täte, und wo, wann und warum es deshalb heißen muß: Kinder, so was tut man nicht!

Ihre

SALZ-
LUFT
ROMAN

Lebenswerk

Hat der Vater augumrändet
endlich den Roman vollendet,
der beschreibt, wie er im Norden
auf den Deichen groß geworden
voll gesunder Luft und Meer:
«Meerig war das, bitte sehr!
Wie gesund der salz'ge Wind!
Und ich mittendrin als Kind:
zwischen Meer und salzluftreichen
meeresnah geleg'nen Deichen
voller Salzluft, ei, wie g'sund ...!» –
Hat der Vater diesen Schund,
den auf dreizehnhundert Seiten
lyrischepisch auszubreiten
er sich vorgenommen seit
seiner frühsten Manneszeit –
hat er's also aufgeschrieben:
Schlaft nicht ein! Bleibt wach, ihr Lieben,

¡boff
UHU

und begebt euch geistig frisch
zu des Künstlers Arbeitstisch.
Löschet das Original
samt Kopienarsenal:
Löscht die ROMs und die Disketten,
löscht die O-Ton-Wind-Kassetten!
Dann verbrennt die handbeschrieb'nen
oder sonstwie hingerieb'nen
Zettel, Brainstorms und Notizen!
Findet Schnipsel in den Ritzen
zwischen Schubladen und Wand!
Alles, alles sei verbrannt,
damit Paps, statt daß er schreibe,
möglichst Bankdirektor bleibe –

so etwas, ihr Kinderlein,
tut man nicht: Man läßt es sein!

Telefon

Achtung, weil es sonst nicht glückt:
Daß ihr euch gut informiert,
wie man Nummern unterdrückt;
nur damit's nicht haarig wird ...

Tippt die Zahlen eins eins zwei
und sagt: «Hallo? Feuer! Brennt!»
Wichtig ist, daß ihr dabei
Name, Haus und Straße nennt.
Fleht mit einem Herzensschrei
dann um Eile: «Polizei!
Aua, Hilfe, Feuer schlimmer!»,
legt auf, rennt ins Kinderzimmer,

husch ins Bett, die Lichter aus –
nun kommt Leben in das Haus!

Denn dank eurem Schreien, ach,
sind die Eltern hellewach,
und sie kommen schlafzerzaust
wie ein Sturmwind angebraust.
Wimmert, Kinder! Laßt euch rütteln,
lang und heftig küssen, schütteln,
dann «erwacht» und sagt verstört,
daß ihr – so ein Brennen spürt:

«Hier im Hals, das brennt beim Schlucken.»
Mama wird sehr wissend gucken,
gradewegs zum Kühlschrank streben
und euch Hustenlöser geben.

Aber dann, hurra! hurra!,
wird es laut: Tatütata!
Und schon klopfen drei bis vier
Männer an der Wohnungstür:
«Aufmachen!» Die Eltern rennen –
«Brecht sie auf! Hier soll es brennen!»
Holz zerbirst, die Eltern ducken
sich und stammeln: «J-ja, b-beim Schlucken ...»

So etwas, ihr Kinderlein,
tut man nicht: Man läßt es sein!

Bäumchen, wechsle dich

Sind die Mutter und der Vater
von Beruf zwei Psychiater,
welche dank der Doppelgage
ein Top-Auto samt Garage
wie auch einen Garten haben,
ließe sich ein Löchlein graben
mit der Hacke und dem Spaten:
in dem Garten, in dem Garten!

Fangt früh an, ihr Kinder, ihr!
Denn das Loch soll zwei mal vier
Meter messen und, ihr Lieben,
hinsichtlich der Tiefe sieben.
Öffnet dann's Garagentor,
fahrt das Auto draus hervor,
und brecht leis wie ein Kapaun
durch den Eichengartenzaun.
Rollt nun das Erhabene
ins zuvor Gegrabene!
Wenn es stürzt und knallt und kracht,
ist die Hälfte schon vollbracht.

wo ich war
dort ist
nun Es

Doch damit's ein Ganzes werde,
schippt ihr nun die lose Erde
dort hinein, wo, wie bekannt,
bis zuletzt das Auto stand.
Kinder, schafft! Pausieret kaum!
Füllet den Garagenraum
zu dem Überraschungszwecke
still und leise bis zur Decke
und entgegen allen Moden
spickevoll mit Mutterboden.

Steckt zum Schluß, daß es was gilt,
ein stadtoffizielles Schild
in den Haufen. Darauf schreibt,
daß es in Erinnrung bleibt,
mit freudkritischer Finesse:
«Wo Ich war: dort ist nun Es» –

So etwas, ihr Kinderlein,
tut man nicht: Man läßt es sein!

Aquarium

Alle Seelen jubilieren,
alle Herzen tirilieren
aller Mädel, aller Knaben,
die ein Tier im Hause haben.
Gute Eltern schenken drum
Kindern ein Aquarium
oder auch ein Hamsterlein.
Ihr habt beides? Das ist fein!
Vor dem Spiele möcht' ich bitten:
Nehmt den Tauchsieder zum dritten!

Senkt zuerst erwähnten Sieder
ins Aquarium hinieder,
schließet das Gerät alsdann
an das deutsche Stromnetz an.
Seht, wie in den Fischgefilden
sich nun lustig Bläschen bilden,
wenig erst, dann immer mehr.
Seht die Fischlein hin und her
schwimmen, hetzen, flüchten, taumeln,
bis sie schließlich stille baumeln,

Dank sei euch, ihr Meisterköche,
an des Wassers Oberfläche.
Fangt sie alle, bis auf zwei,
mit dem Fischnetz und, juchhei!,
stopft sie unbarmherzig dem
Hamster in sein Halssystem.
Jenen zweien, schripp und schrapp,
reißet ihr die Köpfchen ab,
werfet dann in Sausesschnelle,
daß er sich nicht unnütz quäle,
den gestopften Hamster in
das geöffnete Bassin!

Zieht nach sprudelndem Getose
nun den Stecker aus der Dose
und verstauet sorgsam wieder
Fischfangnetz und Wassersieder.
Ruft aus hellsten Kinderkehlen:
«Mama! Papa! Fische fehlen!
Hamster hat sie artvergessen
bis auf zweie aufgefressen!»

Singet diese schlimmen Zeilen,
bis die Eltern zu euch eilen
und den Hamster dick und rund
mit gefülltem Bauch und Schlund
im fast leeren Wasser sehn!
Und die Welt nicht mehr verstehn,
doch schon bald mit wärmsten Gesten
euch, ihr lieben Kinder, trösten ...

Und zum Ende greift der Pa,
um den Hamster nicht erst morgen,
sondern heute zu entsorgen,
ins noch ziemlich heiße – «Aaaaah!!!»

So etwas, ihr Kinderlein,
tut man nicht: Man läßt es sein!

Mülltonnen

Seid ihr reich an Geld und stark,
dann begebt euch schon am Tag
zu den Mülltonnen hinunter.
Sind sie voll: Ei, bleibet munter
und eßt abends, was euch kräftigt!
Wenn das Elternpaar dann nächtigt,
rollt die Tonnen ganz allein
in das teure Haus hinein.

Kippt, das ist nun nicht mehr schwer,
Müll ins Marmorsanitär,
in die Stube, in die Küche!
Registriert die Wohlgerüche!
Schmückt die Diele mit dem Dreck!
Ruiniert die Bibliothek!
Füllet alle Kinderbetten
sowie Marmortoiletten!
Schüttet Abfall unbeschwert
in den Flügel, in den Herd,
ins Bidet und frei und frank
in der Eltern Kleiderschrank!
Doch vollbracht ist es noch nicht,
denn es folgt die zweite Schicht.

Schmeißet Kostbarkeiten drauf
auf den schönen Abfallhauf:
Papas neue Richterrobe,
Mamas Operngarderobe,
Ketten, Ringe, Diademe,
von Armani die Kostüme,
Binder aus Chinesenseide,
Urgroßmutters Erbgeschmeide,
Tweedjacketts und Kaschmirhosen,
von der Tupperware die Dosen,
Markenspielzeug, Silbertöpfe,
güldene Manschettenknöpfe –
gebet all den Protz und Tüll
zu dem Abfalltonnenmüll!

Dann verständigt telephonisch
noch bei Nacht die Polizei:
«Kommt! Hier riecht's seit Jahren komisch!»
Ruft auch 's Jugendamt herbei,
die dann beide dank euch Schlingeln
früh am Morgen bei euch klingeln,
um die Eltern, die noch schlafen,
mit dem Irrenhaus zu strafen,

weil sie ja, man sieht's geschwind,
seelisch kranke Menschen sind –

So etwas, ihr Kinderlein,
tut man nicht: Man läßt es sein!

Im Flugzeug

Sag mir: Bist du so ein Junge?
Mutterlos? Mit einer Zunge,
die schon tief als wie ein Mann
Frommes deklamieren kann?
Ist auch zweitens dein Herr Vater
ein gottferner Senkrechtstarter,
der mit dir nun gelgefettet
täglich übern Globus jettet,
um vor wahlverwandten Aalen
mit dem Sohnemann zu prahlen?
Freute dich, wenn dieser Herr
bald beim Gottseibeiuns wär'?

Dann beschaff dir einen Bart
jener aufklebbaren Art,
welche bis in letzte Ecken
Hals und Antlitz ganz verdecken.
Ferner einen, spitz dein Ohr,
Schwimmgürtel aus Styropor,
den du gründlich und beherzt
mit dem schwarzen Filzstift schwärzt,
und ein kleines rotes Licht,
das mal leuchtet und mal nicht.
Alles dieses sei, hex hex,
Pflichtteil deines Handgepäcks!

Steige derart präpariert
in das Flugzeug – und gib acht!
Denn sobald Paps müde wird
und dann schläft wie in der Nacht,
binde ihm ganz still und stumm
den erwähnten Gürtel um.
Kleb auf ihn das Blinkelicht!
Kleb alsdann auf sein Gesicht
– Vorsicht! Drücke äußerst zart! –
gleicherwähnten Rauschebart.

Nun heißt's zweierlei: ihn wecken
und dich simultan verstecken.
Schlage also diesem Tropfe
mit Karacho auf den Kopfe,
krieche dann als wie der Blitz
unter seinen Flugzeugsitz,
und nun schrei: «Allah akbar!»

Höre, in welch großer Schar
und mit angstverzerrten Stimmen
Menschen sich auf Vater stürzen!
Den Erwachenden vertrimmen
und um jenen Kopf verkürzen
– Vater hin und Vater her –,
der dir lieb war; doch nicht sehr ...

So etwas, ihr Kinderlein,
tut man nicht: Man läßt es sein!

Vater muß zum Doktor

Eltern, liebe Kinder, müssen
für ihr Alter täglich büßen:
Hier ein Bollern, Klopfen, Zwacken,
dort ein Zwicken unterm Nacken,
hier ein Ziehen, dort ein Stich –
Eltern sind nicht ewiglich.

Will drum heute ein gelahrter
Arzt in weißer Götterrobe
den Urin von eurem Vater
samt dem Stuhlgang einer Probe
unterziehen: Steht mit auf!
Kinder, schnappt euch froh und munter
Vaters Pröbchen! Mischt zuhauf
Fremdingredienzen unter
wie zum Beispiel dem Urin
Calvados und Kokain
oder, so sie nicht zur Hand,
Valium und Zwetschgenbrand.
(Tut es heimlich und so leise
wie dezent, heißt: spurenweise!)

Stilisiert zum Sündenpfuhl
hernach auch des Vaters Stuhl:
Zahncreme, Duschgel und Strychnine,
zwei Korpuskeln Vaseline,
Rosenöl und Schreinerleim,
Katzenhaare, Schneckenschleim –
ei, euch sind im Hier und Jetzt
keine Grenzen nicht gesetzt.

Aber zeiget Empathie
auf dem Weg zur Psychiatrie,
wohinein dank Expertisen
man den Gatten eingewiesen –
ach, man fand auch Schlangenfutter!
Kinder! Tröstet eure Mutter,
wenn sie schon am nächsten Morgen
und bedrückt von schlimmsten Sorgen
in die Gummizelle blickt,
wo ihr Mann im Dreieck tickt –

So etwas, ihr Kinderlein,
tut man nicht: Man läßt es sein!

Gefrierfach

Kinder, kennt ihr das Verlangen,
kleine Tiere einzufangen
und sie gegen die Manieren
im Dreisternfach zu gefrieren?
Ja, ihr kennt's? Doch wagt ihr's nicht?
Kinder, hört auf dies Gedicht!

Mut gedeiht, anstatt zu sinken,
wenn wir nur gedeihlich trinken
Bier und Schnaps und Gin und Wein –
dreht euch alle viere rein,

und dann strebt, sobald ihr lallt,
aus der Stadt in einen Wald.
Haut den Iltis! Schrägt den Hasen!
Zieht den Maulwurf aus dem Rasen,
würgt den Fuchs, schlagt mit dem Pickel
ein auf Marder und Karnickel,
Fuchs und Ratte, Spatz und Maus,
packt sie ein, und ab nach Haus!

Zerrt daheim in frohem Wüten
aus dem Eisfach alle Tüten,
leert sie in die Abfalltonne,
füllt dieselbigen mit Wonne
auf mit dem, was ihr besoffen
tief im Walde angetroffen.
Hackt die Beute, das muß sein,
vorher noch portionenklein,
mischt in eine Tüte munter
Papas Lederhandschuh unter,
klebt mit Sorgfalt und Uhu
sie dann alle wieder zu –
und nun wartet; ihr habt Zeit!

Eines Tages ist's soweit:
Da erinnert eure olle
faule Alte sich der Scholle,
die samt Sahneblubbspinat
sie einst tiefgefroren hat,
öffnet's mit gelöster Seele –
ach, ein Schrei aus böster Kehle
bricht sich Bahn und füllt, o Graus,
das gesamte Elternhaus!

Butter
Käse

Zitternd inspiziert die Mutter
das vertrackte Tiefkühlfutter,
bis der Handschuh des gefunden,
dem sie ehelich verbunden,
und sie schnell als wie die Pest
sich gerichtlich scheiden läßt
vom, das Fundstück hat's verraten,
Urheber der Missetaten –

So etwas, ihr Kinderlein,
tut man nicht: Man läßt es sein!

Besuch der blöden Tante

Kinder, mögt ihr Tante leiden,
sollt ihr dieses Spiel vermeiden.
Geht sie freilich auf den Sack:
Vorhang auf zum Schabernack!

Ei, wer prangt da vollbeladen
und auf schinkenschweren Waden
vor der Tür und will hinein?
Das muß Tante Scheusal sein,
denn die Irre, nie entmündigt,
ist für heute angekündigt,
um erneut als schlimmste Plage
für die nächsten vierzehn Tage
bei euch einzuziehn. Jedoch:
Kinder, fort mit diesem Joch!

Öffnet diesem Pestgeschwüre
wohlerzogen Tor und Türe
(«Na, dann flugs hereinmarschiert,
daß uns flugs speiübel wird!»),
führt sie dann so brav wie immer
ins gemachte Gästezimmer,

ODE
AN
DIE
TANTE

lüget säuselnd, Paps und Ma
sei'n in fünf Minuten da,
weil nur kurz zum Shoppingzwecke
zu dem Kiosk um die Ecke
(beide habt ihr unverdrossen
tief im Keller eingeschlossen),
und nun singet, ach, ihr Schufte:
«Schiebe dich hinweg! Verdufte!
Liebe Tante! Hör die Lieder!
Gehe fort und komm nie wieder!
Denn vernehme: Dieses Haus,
es ist unser Haus! Hinaus!» –

So etwas, ihr Kinderlein,
tut man nicht: Man läßt es sein!

Eintopf

Keller und die Speisekammer
bergen vieles: Nudeln, Hammer,
Linsen, Zwiebeln, Meißel, Reis,
Müsli, Säge, Dosenmais,
H-Milch, Zange, Mehl und auch
Salz sowie den Gartenschlauch.

Kleidet euch in Küchenkittel
und spediert die Nahrungsmittel
voller Lust und volle Kanne
in die arme Badewanne,
legt als Lärmschutz Decken drauf
und dreht heißes Wasser auf.
Um die Sachen einzuweichen,
müßten zweidrei Eimer reichen!
Stellt euch an den Wannenrand,
nehmt den Hammer in die Hand,
und dann hackt ihr wie die Raben
kraftvoll auf die Gottesgaben.
Langt, weil's eh zu schnell vorbei ist,
lustig hin, bis alles Brei ist,

haut in stillstem Kinderglücke
auch die Wanne mit in Stücke,
dann zersägt den Gartenschlauch.
Spitzelt mit dem Meißel auch
in den Fliesen ohne Bange!
Haut und meißelt! Nehmt die Zange
und reißt fröhlich mittenmang
Löcher in den Duschvorhang,
streut das alles spielvergessen
ins bizarre Mittagessen –
doch nun schleicht, obwohl's schon spät,
keinesfalls ins Kinderbett!

Sondern dorthin, wo Gerüche
aller Äcker sich vermischen,
nämlich in die gute Küche,
um den Frühstücksdeck zu tischen.
Stellt die Teller und die Tassen,
schmückt den Tisch in prallen Massen
mit Gemüse, Käse, Wurst,
Säften gegen Morgendurst,
Essiggurken und Pralinen,
Honig von den besten Bienen,
kocht den Kaffee, brecht das Brot,
klöppelt Mamas Goldfisch tot,
den ihr sorgsam filetiert
in den Thunfisch integriert.

Tobt hernach mit lautem Krach
in der Eltern Schlafgemach:
«Mami! Dad! Wir ham's gecheckt!
Melden: Brunch ist eingedeckt.»

Ei, wie glücklich sind die Eltern!
Sehet sie mit stolzgeschwelltern
Brüsten in die Küche eilen,
wo sie stumm vorm Tisch verweilen,
um mit Tränen tiefsten Glückes
angesichts dies Top-Frühstückes ... –

aber dann, so ist es immer
nach zwei Dutzend Abendbieren,
muß der Vater urinieren,
strebt hinein ins Badezimmer,
wo, derweil sein Schrei noch gellt,
er in tiefste Ohnmacht fällt
samt der Frau, die in Sekunden
sich beim Männe eingefunden –

So etwas, ihr Kinderlein,
tut man nicht: Man läßt es sein!

Wasserbett

Eltern aus dem ökolinken
Kreise abends gerne sinken
weltzufrieden, rund und fett
in ein teures Wasserbett.
Wenn ihr zählt zu dieser Schicht:
Kinder, leset dies Gedicht!

Wasserbetten haben einen
meist versteckten und sehr kleinen
Wasserzufluß samt Ventil.
Das ist wichtig für das Spiel!
Es verhindert, daß die Mengen
Wassers in die Umwelt drängen,
insofern es gut verschlossen.
Kinder! Öffnet's unverdrossen!
Sammelt das, worauf die Eltern
selig schlafen, in Behältern:
Eimern, Pfannen, Töpfen, Tassen,
Wannen, Vasen, Kalebassen,
deckt euch ein, damit es reicht,
daß kein Tröpfchen euch entweicht!

Wartet dann mit stillem Munde
fröhlich auf die Geisterstunde.
Schlägt es zwölf, dann laßt es lärmen!
Legt Musik auf, die in Därmen
widerhallt, und dringt mit Krach
in der Eltern Schlafgemach!
Singt und schreit, flankiert von Zappa,
«Happy birthday, lieber Papa!»
Und dann schüttet, ei der Daus,
über ihm die Eimer aus!

Papa ist nun mehrfach platt:
Weil er nicht Geburtstag hat,
weil das Durcheinander groß ist
und er nicht begreift, was los ist:
Unten ist kein Wasser mehr,
doch von oben kommt es her!
Ach, wie er um Fassung ringt!
Ach, wie er in Ohnmacht sinkt
und mit Augen schreckgeweitet
Mama ihn erneut begleitet –

So etwas, ihr Kinderlein,
tut man nicht: Man läßt es sein!

Elternlanglauf

Dieses letzte Spiel, ihr Lieben,
braucht im mindesten je sieben:
sieben Zimmer, sieben Fenster,
sieben Kindernachtgespenster
sowie sieben lupenreine
kiloschwere Wackersteine.
Brachte also voller Qual
Mutter euch in heil'ger Zahl
auf die Welt, kurz: seid ihr sieben –
Kinder, dann heißt's wach geblieben!

Ei, verteilt euch unverdrossen
mit den sieben Wurfgeschossen
in der Wohnung sieben Räumen.
Nehmt, derweil die Eltern träumen,
Platz vor sieben Fenstern ein.
Sieben Steine schmeißt hinein,
aber halt: nicht simultan!
Sondern streng nach diesem Plan:
Sorget für den ersten Hammer
in der Eltern Bettenkammer!

Schreiend sind die Eltern wach,
zetern, schimpfen – aber ach,
schon erklingt, sie zu verwirren,
aus dem Bad dasselbe Klirren,
woraufhin sie grimme Flüche –
was ist das!? Laut klirrt die Küche!
Eltern hetzen im Pingpong,
schon ertönt's aus dem Salon:

krach und klirr! Sie sputen hin
wieder gegen allen Sinn,
denn kaum daß sie angekommen,
wird das fünfte «Klirr» vernommen,
diesmal zu der Eltern Schreck
aus der Bibiliothek.
Als hernach derselbe Laut
aus dem Kinderzimmer draut,
ach, da fügen sich die beiden
in ihr wundersames Leiden.

Matt betreten sie die Stube,
wo ihr jüngstgeborner Bube
grinsend auf dem Sofa flegelt,
als sein Stein durchs Fenster segelt –

Doch auch dies, ihr Kinderlein,
tut man nicht: Man läßt es sein!